Rund, eckig, spitz

Entdecke die Welt der FORMEN

Ravensburger Buchverlag

Schau genau hin und pass gut auf! Hier warten viele außergewöhnliche Entdeckungen auf dich.

Was haben eine Schildkröte und eine Wassermelone gemeinsam und was ein Igel und eine Kastanie? Vergleiche die Streifen von Tiger und Frischling und staune über die Ähnlichkeit von Schuppentier und Tannenzapfen. Seite für Seite und Bild für Bild wirst du feststellen, dass man jede Form und jedes Muster in der Natur wiederfinden kann. Lass dich überraschen!

Rund

Rot und rund,
lecker und gesund.

Keine Frage,
was ich meine –
natürlich die Kirsche,
die kleine.

Gebogen

Warum ist die Banane krumm?
Weil keiner in den Urwald zog
und die Banane grade bog.

Schwan

Orangenstücke

Mond

Schwanz einer Katze

Oval

Wassermelone

„Spielen wir
eine Runde Ball?"

Weintrauben

„Nein“, schreit das Ei,
„ich hab Angst, dass ich fall!“

Zylinderförmig

Affenbrotbäume

Der Pinguin, der hat Geschmack,
trägt immer einen schwarzen Frack.
Das Gürteltier indessen
ist auf seinen Panzer ganz versessen.

Tausendfüßer
Gürteltier
Zuckerrohr

Linien

Spargel

Reiher

Der Reiher aß Spargel viel zu viel.
Jetzt ist sein Hals lang wie ein Stiel!

Lauch

Palmenblatt

Baumstämme

Quadrat,

Pyrit

Eisberg

Raute

Vier Seiten hat ein Quadrat.
Alle gleich lang, ganz akkurat.

Fisch

Rochen

Fröhlich schwimmt der Fisch umher,
die Rautenform, die mag er sehr.

Schildkröte
Ananas
Rissiger Erdboden

Muster

Die Giraffe hat ein schön gemustertes Fell
und laufen kann sie auch richtig schnell!

Ohr eines Yorkshireterriers

Dreieck

Mein Ohr, das hat drei Ecken.
Ich kann es nicht verstecken!

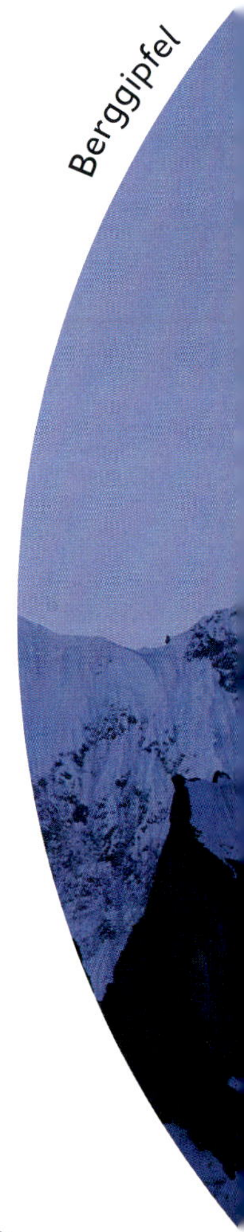

Berggipfel

Haifischflosse

Muscheln

Gezackt

Blatt

Spitze Zacken hat der Leguan.
Was er damit wohl alles machen kann?

Hahn

Venusfliegenfalle

Leguan

Scharf und spitz

Kugelfisch

Dornen

Stechpalmenblatt

Kastanie

Achtung, nicht anfassen,
unsere Stacheln sind spitz!
Das ist bestimmt kein Witz!

Distel

Specht

Igel

Runzelig und gewellt

Getrocknete Chilischote

Wir sehen zwar
ganz schön faltig aus,
aber da machen wir uns
gar nichts draus!

Shar-Pei-Welpen

Sand

Walnuss

Baumrinde

Morchel

Haarig

Hochlandrind

„Ich muss zum Friseur, und zwar fix,
ich sehe ja fast nix!“

Weidenkätzchen

Klatschmohn-Knospe

„Halt! Ich komme mit.“
„Meine Haare brauchen auch einen neuen Schnitt!“

Vogelspinne

Feine Linien

Stabheuschrecke

Grüne Bohnen

Weizen

Ich sehe was, was du nicht siehst.
Es ist grün, dünn und hat sechs Beine.
Weißt du, was ich meine?

Spinnennetz

Libelle

Kohlblatt

Schwanenfeder

Flach und breit

Stachelrochen

„Achtung, lieber Elefant,
fast hättest du mich platt gerannt!“

Seerosenblätter

„Entschuldigung“,
sagt der Elefant,
„das hab ich nicht erkannt.“

Spachtelförmig

Der Löffler hat einen tollen Schnabel,
er ist so praktisch wie eine Gabel.

Der Schwanz des Bibers ist ganz platt,
sieht aus wie dieses Kaktusblatt.

Sternförmig

Sieht man diese Dinge aus der Ferne, sehen sie aus wie leuchtende Sterne.

Seestern

Schneeflocke

Sternfrucht

Sonnenblume

Pilze

Spinne

Osterglocke

Pfau

Paradiesvogelblume

Kranich

Der Pfau spreizt sein Gefieder weit,
er hat das schönste Federkleid.

Fächer-förmig

Kolibri

Jakobsmuschel

Truthahn

Spiralen

Chamäleon

Eingerolltes junges Farnblatt

Das Chamäleon mit eingerolltem Schwanz hält Ausschau nach einem Partner zum Tanz.

Hörner eines Schafbocks

Schnecke

Schuppen

Ich hab die schönsten Schuppen hier,
ich bin ja auch das Schuppentier.

Pilze

Artischocke

Tannenzapfen

Punkte

Schwarze Punkte auf rotem Kleid,
damit fliegt der Käfer ganz weit.

Fliegenpilz
Farnwedel
Marienkäfer

Streifen

Geigerperlhuhn

Hier musst du
ganz genau hinschaun.

Biene

Tiger

Doktorfisch

Welches Tier hat Streifen,
schwarz auf braun?

Frischling

Streifen

Käfer

Schlange

Schmetterling

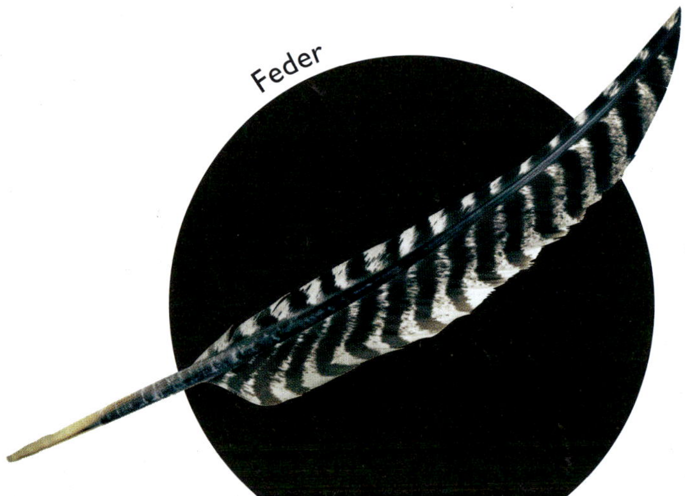

Feder

Ene, mene, meck,
alle Farben sind weg!

Ich suche sie schon hier und dort,
aber sie sind alle fort!

Zebra

Raupe

Gefleckt

Der Frosch hat ganz schön viele Flecken.
Damit kann er sich gut verstecken.

Wachtel-Ei

Gefleckt

Die Kuh schaut sich
verwundert um:
Der Hund läuft mit
ihrem Kleid herum!

Feuerwanzen

Der Leopard hat viele Flecken,
stellt er fest zu seinem Schrecken.

Pandabär

Kaninchen

Maskiert

Lemuren

Mit einer Maske im Gesicht,
siehst du unsere Augen nicht.

Pinguine
Waschbär

Ungewöhnlich

Dreihornchamäleon

Ingwer

Hätte ich gewusst,
dass man mich
fotografiert,
hätte ich mich
hübsch frisiert.

Bibliografische Information der Deutschen Nationalbibliothek:
Die Deutsche Nationalbibliothek verzeichnet diese Publikation in der Deutschen Nationalbibliografie. Detaillierte bibliografische Daten sind im Internet über *http://dnb.d-nb.de* abrufbar.

4 3 2 1 13 12 11 10

Titel der Originalausgabe: FORMES & MOTIFS

Bildnachweis:
Bios: R. Al Ma'ary: 34 l.; D. Delfino: 27 r.; N. J. Dennis: 44; C. Fosserat: 43 l.; M. Gunther: 23 u.r.; Klein / Hubert: 26 u.r.; J. Mayet: 36 l.; K. Schafer / P. Arnold: 14 l.

Getty images AEF: 15; Agri Press: 41 u.r.; JH P. Carmichael: 42; S. Cohen: 40 l.; E. Darack: 23 l.; Davies & Starr: 26 o.r., 31 u.r.; F. Dean: 38 m.l.; N. Duplaix: 37 u.r., 48 l.; Eisenhut & Mayer: 29 u.r.; T. Evans / Timelapse Library: 5, 24 u.l. und Umschlagrückseite; Gallo Images / G. Hinde: 9 m.; A. Grablewski: 27 o.l.; B. Hagiwara: 21r., 24 o.m.; S. Hopkin: 47 u.r.; K. Kalhoefer: 34-35: B. Kenney: 47 o.r.; S. Keren: 56; J. Kirn: 53; F. Labhardt: 45 o.l.; H. Lloyd: 19 r.; P. Lilja: 47; J. McBride: 22 l.; David Maitland: 48 m.; L. Middley: Umschlagvorderseite; D. A. Murawski: 33 l., 39 o.m.; F. Oberle : 32; Planet Earth / P. Gasson: 15 m.r.; T. Rakke: 31-32; J. Rotman: 23 o.r.; S. St John: 33 u.m.; P. Scoones: 18 l.; G. Shumway: 50 m.r.; B. Stefko: 17 r.; P. Steyn / Photo Access: 41m.o.; L. Tanguay: 31 o.r.; S. Taylor: 42 r.; J. Van Os: 16 l.; S. Winter: 9 o.r.; L. Worcester: 46 u.m.

Marc Schwartz: 9 m., 33 m.r., 46 o.l., 60 m.u.

Phone J.-M. Labat: 20 o.r.

Sunset H. Comte: 59 l.; Horizon Vision: 46 o.m.; G. Lacz: 11 r., 56 u.r., 58 l.; NHPA: 12-13

Stock image: Superstock: 15 l.

Andere Fotos: DR.

Deutsche Ausgabe:
Umschlaggestaltung: Eva Bender
Text und Redaktion: Tina Beutner
Printed in Germany

ISBN 978-3-473-55252-8

www.ravensburger.de